Werner Vogel

Durchbruch ins Licht

Gedichte der Zuversicht
und der Hoffnung

vianova

Titelbild und alle Fotos
Werner Vogel

1. Auflage 1989

Ausstattung und Typografie: Hans Dieter Bittner, Fulda
Satz, Druck und Verarbeitung: Rindt-Druck, Fulda
ISBN 3-9801787-6-5

Die Lichtkraft Gottes

Die Fülle des Lichtes durchströmt die Welt.
Es zeigt seinen Abglanz am Himmelszelt.
„So werde denn Licht", dies machtvolle Wort
schuf Sonnen und Sterne an jeglichem Ort.

Das Dunkel, das Chaos, das formlose Nichts,
es wurde erhellt durch die Strahlen des Lichts.
Die Lichtkraft der Liebe ließ Welten erbeben
und füllte Planeten mit göttlichem Leben.

Lichtvolle Kräfte durchströmten die Räume,
Wirklichkeit wurden die göttlichen Träume.
Dunkel und Leere mußten vergehen.
Die Vielfalt der Formen konnte entstehen.

Der Morgen der Schöpfung gebar aus der Nacht
die herrliche Erde in all' ihrer Pracht.
Die Urglut der Liebe schuf Berge und Meere,
befahl allem Leben, daß es sich vermehre.

Im Menschen wurde das Urlicht verdichtet,
sein Wesen als göttlicher Funke erlichtet.
Als Ebenbild Gottes trat er in die Zeit.
Das ist, was der Seele die Würde verleiht.

Daß Gottes Funke zur Flamme werde,
deshalb bewohnen die Menschen die Erde.
Sie sollen sich selber im Lichte erkennen
und sich von dem Dunkel des Bösen trennen.

Als Lichtwesen sind sie von Gott her berufen,
zu wachsen, zu reifen auf jeglichen Stufen,
die göttliche Liebe dem Dasein gegeben,
damit sich vollende das menschliche Leben.

Die Erde mit all' ihrer Herrlichkeit
soll führen zur lichten Persönlichkeit.
Das ist der Schöpfung tiefster Sinn,
daß der Mensch sich entwickle zum Lichte hin.

Er bleibe nicht stehen, er soll sich verwandeln
durch lichtvolle Worte und liebendes Handeln.
Er beuge sich niemals der Finsternis Macht
und ist erst als menschliches Wesen erwacht,

wenn göttliche Lichtkraft die Seele durchströmt
und Gottes Geist den Menschen krönt.
Das Licht der Seinsglückseligkeit
erfüllt dann Zeit und Ewigkeit.

Die wahre Wirklichkeit

Wenn dunkle Mächte dich umfangen,
der Geist kann nicht zum Licht gelangen.
Wenn nur noch Schmerzensstunden zählen
und wenn dich Ängste, Sorgen quälen,
dann denke stets in Zuversicht:
Die wahre Wirklichkeit ist Licht.

Ist dein Dasein sinnentleert
und die Welt für dich verkehrt,
wenn dich Depressionen plagen,
dann hilft nicht Jammern und nicht Klagen:
Finde deinen Sinn im Leben,
erfülle ihn mit deinem Streben.

Wenn Haß und Neid dich niederdrücken
und in der Liebe will nichts glücken,
wenn Einsamkeit dein Leben prägt
und Streß an deinen Nerven sägt,
dann öffne dich des Lichtes Macht,
es leuchtet dir in dunkler Nacht.

Wenn du verspürst vitale Kraft
und es bedrängt dich Leidenschaft,
wenn du fühlst den Zorn aufsteigen
und die Begierden sich dir zeigen,
bedenke stets vor deinem Handeln,
du mußt der Triebe Macht verwandeln.

Wenn du der Trägheit unterliegst
und die Genußsucht nicht besiegst,
wenn du in deinem Werk versagst
und du im Leben nichts mehr wagst,
dann laß die Seelenkraft erblühn,
und lohnen wird sich all dein Mühn.

Wenn dich das Ego dumpf umhüllt
und dich des Zweifels Gift erfüllt,
wenn sich das Böse feindlich naht
und ferne scheint dir Gottes Gnad,
dann gib dich ganz dem Lichte hin
und laß Vertrauen zu und Sinn.

Selbsterkenntnis

Willst du dich wirklich selbst verstehn,
den Anfang und dein Ziel ergründen,
dann darfst du nicht nach außen sehn.
Du mußt den Sinn im Herzen finden,
dort, wo du bist und nicht nur scheinst,
dort, wo du dich mit Gott vereinst.

Im Grund der Seele, tief im Wesen
wirst du dein wahres Sein erkennen.
Wo du immer schon gewesen,
kann dich nichts von Gott mehr trennen.
Hier durchbrichst du Raum und Zeit,
berührest du die Ewigkeit.

Die wahre Heimat findst du dort.
Geborgen fühlst du dich und rein.
Die Welt kennt keinen bessren Ort,
denn hier erfährst du Gottes Sein.
Dann ruht das Denken, schweigen Worte.
Es öffnet sich des Himmels Pforte.

Die Freude, sie ist unermeßlich,
die Freiheit keine Grenzen kennt.
Des Lebens Kern ist unverweslich.
Der Liebe Glut im Herzen brennt.
Im Seelengrund der Göttlichkeit
erwartet dich Glückseligkeit.

Durchbruch ins Licht

Die Welt versinkt in tiefer Nacht,
das Dunkel macht sich breit.
Das Herz erschrickt vor dieser Macht,
es spürt die Einsamkeit.

Die Finsternis erhellt kein Licht,
kein Mensch ist fühlend nah,
kein liebend Blick auf mich gericht,
Verlassenheit ist da.

Gedanken sind mit Angst gefüllt.
Gefühle, ja sogar der Wille,
von Schwermut sind sie dicht umhüllt,
erschaudern vor der Stille.

Mein Leib ist krank. Die Sinne schweigen.
Die Wünsche sind im Leid erstorben.
Will sich nicht ein Lichtblick zeigen?
Wo bleibst du denn, du heller Morgen?

Die Nacht ist lang, die Hoffnung fern,
der Schmerz läßt mich erbeben.
Am Himmel sieht man keinen Stern,
wie eine Wüste ist das Leben.

Nach Freiheit meine Seele schreit,
das Dunkel ist nicht zu ertragen.
»Warum, o Gott, bist Du so weit?
Willst Du's nicht nochmal mit mir wagen?

Gebüßt, gesühnt hab ich genug.
Ich bitt' um Huld und Gnade.
Die dunkle Nacht machte mich klug,
bog meinen Weg gerade.»

Da hörte ich nach langer Zeit
die göttlich' Stimme wieder:
»Mein Kind, du bist nun ganz bereit,
jetzt kommt mein Geist hernieder.

Auch wenn ich dir so ferne schien,
ich führte dich durchs dunkle Tal.
Ich hörte auf dein Rufen hin
und fühlte deine Qual.

Nun bist du frei, getreuer Knecht,
ganz rein durch Leid von Gier,
läuternde Prüfung war gerecht.
Dein Licht bin ich: Ich leuchte dir.«

Kaum ist dies heilig Wort verklungen,
da bricht durchs Dunkel helle Sonne.
Noch nie hab ich so froh gesungen.
Durchströmt bin ich von sel'ger Wonne.

Durst ist gelöscht, Sehnsucht erfüllt.
Seligkeit nicht zu beschreiben.
In Liebe bin ich ganz gehüllt.
Nur Gott kann solch ein Glück bereiten! 12

Der Weg in die Stille

Soll sich dir das Wesen zeigen,
mußt du in die Stille gehn.
Wenn du lieben lernst das Schweigen,
wirst du große Dinge sehn.

Viele Kräfte sind dagegen,
lassen dich nicht selber finden,
verschließen sich dem reichen Segen,
der aufsteigt aus den Seelengründen.

Der Körper ist oft Hindernis.
Er will Genuß und das Vergnügen.
Sei dir des Zieles stets gewiß,
dann wird er sich dem Geiste fügen.

Du wirst die Trägheit überwinden,
die Schmerzen, Leiden zählen nicht,
und auch dein Leib wird Wahrheit künden,
mit ihm gelangst du zu dem Licht.

Die Sinne lieben Form und Farben,
richten nach außen ihr Begehr.
Sie wollen nicht im Leben darben,
das Innere scheint ihnen leer.

Zeig deiner Seele Herrlichkeit,
des Weges Sinn, er weist nach oben,
das reiche Glück der Innigkeit,
dann werden sie nicht länger toben.

Gefühle und vitales Streben
wollen keine Einkehr halten.
Sie lieben mehr die Lust am Leben
und wollen es aus sich gestalten.

Du mußt sie sanft nach innen führen,
zur Wesensmitt', zur Quelle hin.
Sie werden zartes Schwingen spüren
und finden dann zu ihrem Sinn.

Gedanken, Bilder störn das Schweigen,
sie stürmen feindlich auf dich ein.
Durchbreche ihren mächt'gen Reigen
und wisse, du gibst ihnen Sein.

Durchströme sie mit Gottes Kraft,
die aus des Wesens Grunde quillt,
die immer nur das Gute schafft,
und sorg, daß sie Sein Geist erfüllt.

Die Stille führt zum Seelengrund
und wird des Lebens Kraft entbinden.
Sie macht dich innerlich gesund
und wird des Geistes Macht entzünden.

Sie öffnet dir das Tor zur Mitte,
dort, wo die innere Sonne scheint.
Vergangen sind die dunklen Schritte,
mit Gott bist du im Licht vereint.

Der Sinn des Leides

Gott will nicht Leid und nicht den Schmerz,
Er läßt's nur zu im Vaterherz.
Durch Schuld kommt Leid in diese Welt,
und wenn man sich der Pflicht nicht stellt.

Selbstsucht, Trägheit, menschliche Schwächen
stiften viel Not und manch Gebrechen.
Begierden und Wünsche, Haß und Streit
schaffen im Leben unendlich viel Leid.

Willst du den Grund für Leiden finden,
mußt du tief dein Herz ergründen:
Leid will zeigen größeres Leben,
in dir wecken heiliges Streben,

daß du dein wahres Selbst erkennst
und dich ein Gotteskind dann nennst.
Auch durch die Not, das wirst du sehn,
kann Fähigkeit und Kraft entstehn.

Horch auf ihre Botschaft hin
und erkenne ihren Sinn.
Wandle dich und kehre um!
Was Leid dir sagt, das mußt du tun.

Leid heißt auch Opfer und Verzicht,
sie rücken es in neues Licht.
Sie können Lieb' und Güt' enthüllen,
das Leben mit Gottes Geist erfüllen.

Leiden für andre schenkt viele Gnaden,
bewahrt den Nächsten vor größerem Schaden,
erlöst die Menschen aus dunkler Nacht
und zeigt am tiefsten der Liebe Macht.

Leiden kann Verzweiflung bringen,
doch es wird dich nie bezwingen,
wenn du erfährst das göttlich' Licht,
das alle Dunkelheit durchbricht.

Wenn dir Gott auch ferne scheint
und die Seele nach ihm weint,
er leitet dich doch jedes Mal
durch das finstre Tränental.

Leid will Menschen zur Reife führen,
damit sie innere Kräfte spüren,
die zum vollkommenen Leben trachten
und auf Gottes Weisung achten.

So wird der Mensch in dieser Zeit
zur wahrhaften Persönlichkeit.
Sein Weg wird sonnenhell und klar,
so wie es Gottes Wille war.

Leid und Schmerz sind bittrer Wein,
sie können aber Anfang sein
für ein gotterfülltes Leben
und ein sel'ges Glückserleben.

Überwinde das Leid

Der Leidensformen gibt's gar viel.
Sie sind nur Weg und nicht das Ziel.
Deshalb mußt du sie überwinden,
dich mit Gottes Kraft verbinden.

An vielen Dingen kannst du sehen,
was dir durch Irrtum ist geschehen,
was falsches Wissen, Schuld vollbracht
an Not und Leid und dunkler Nacht.

Krankheit sagt auf ihre Weise:
Falsch war deine Lebensweise.
Viele Fehler kannst du meiden,
wenn du lernst zu unterscheiden.

Armut ist ein hartes Los,
und die Not ist manchmal groß.
Doch dies Leid kannst du nur heilen,
wenn du lernst gerecht zu teilen.

Grübeln, Kummer, düstre Tage
sagen uns ganz ohne Frage:
Lerne positives Denken,
laß dich vom Vertrauen lenken.

Denk nicht zu viel an deine Sorgen.
Leb nicht im Gestern, nicht im Morgen.
Erfüll dein Dasein jetzt und heute,
dann zeigt sich dir die große Freude.

Gib Angst und Trauern keinen Raum,
du kannst nicht ihrem Rate traun.
Erfüll dein Herz mit Zuversicht
und schau dem Leid ins Angesicht.

Neid und Mißgunst, Haß und Rache
sprechen all die gleiche Sprache.
Leid und Not gehn mit einher,
darum setz dich fest zur Wehr.

Wandle um die bösen Mächte.
Vertreibe sie als schlechte Knechte,
zerstöre ihren mächt'gen Reigen,
dann kann dir Gott die Wahrheit zeigen.

Laß Liebe wachsen und die Güte.
Sie trösten nicht nur das Gemüte.
Sie schaffen Einheit, schenken Glück
und drängen alles Leid zurück.

So kann das Leid dich ständig lehren,
wie du das Gute kannst vermehren.
Laß das Jammern und das Klagen,
mit Gott kannst du es mutig wagen.

Gib dich Gottes Willen hin,
dann findest du den wahren Sinn,
den dir der Schöpfer hat gegeben
und reich und glücklich wird dein Leben.

Das Licht der Hoffnung

Wenn Leiden und Nöte dich halten gefangen
und Traurigkeit bohrend dein Herz durchdringt,
kannst du nur zum Frieden der Seele gelangen,
wenn göttliches Licht dir die Hoffnung bringt.

Der Lichtglanz erschien schon am Schöpfungsmorgen,
erfüllte das Leben mit Liebe und Güte.
Er leuchtet auch dir in deinen Sorgen
und stärkt dir dein Herz und dein Gemüte.

Geschöpfe, sie lassen die Lichtkraft durchscheinen,
du nimmst sie stets wahr mit erwachendem Geist.
Dann hörest du auf mit dem Klagen und Weinen:
Dies Licht dir die richtigen Wege weist.

Der taufrische Tag, der eben erwacht,
die Wiese im Nebel, das fruchtbare Feld,
die Schönheit der Blumen in all' ihrer Pracht,
die Urglut der Sonne, die alles erhellt,

die Weite der Wüste, das Toben der Meere,
die reißenden Flüsse, der Zauber der Berge,
die herrliche Schöpfung gibt uns diese Lehre:
Wir können genesen im Licht Seiner Werke.

Ein zärtliches Herz, das in Liebe verströmt,
die Treue der Freundschaft, ein gütiger Blick,
die Weisheit der Seele, die Menschen versöhnt,
sie geben dir Ruhe und Frieden zurück.

Das Lächeln des Kindes, Verstehen im Herzen,
der Ton einer Flöte und froher Gesang
vertreiben das Dunkle, das Leid und die Schmerzen
und geben dem Leben den göttlichen Klang.

Dies göttliche Licht kannst du überall finden,
das Hoffnung und Zukunft und Mut dir verleiht.
Du mußt nur das Wesen der Dinge ergründen
und wachsen und reifen in Selbstlosigkeit.

Der Weg zur Einheit

Die Menschen gehn einsam durchs Leben.
Sie sind begrenzt, verstrickt im Streben.
Sie kreisen um sich, sie sind allein,
verborgen ist ihnen das wahre Sein.

Einst lebten sie eins mit sich und der Welt,
als Schuld noch nicht ihr Leben vergällt.
Die Zweifel des Wissens waren noch fern,
frei von der Angst, sie dienten dem Herrn.

Friede war zwischen Mensch und Natur,
niemand ging auf des Krieges Spur.
Die Bibel hat dies Paradies genannt
und damit göttliche Wahrheit erkannt.

Doch ist der Mensch daraus vertrieben,
nur noch die Sehnsucht ist geblieben.
Der Engel mit dem Flammenschwert
den Eintritt bis heute dem Menschen verwehrt.

Die Einheit im Sein hat er nun verloren.
In Schmerzen und Wehen wird er geboren.
Gott scheint ihm fern, unfaßbar weit,
in seiner Seel' herrscht Widerstreit.

Die Schwingung kann nicht ins Zarte gelangen.
Der Mensch wird von der Materie gefangen,
so daß er nur noch Körper ist
und seine wahre Bestimmung vergißt.

Die Reizwelt lockt ihn mit den Sinnen,
er will nur Geld und Macht gewinnen.
Den Sinn verliert er, seine Mitte,
ins Dunkel lenkt er seine Schritte.

Im Chaos droht er unterzugehen.
Da fühlt er innen ein Wunder geschehen.
Die göttliche Kraft zieht ihn nach oben
und lenkt den Geist zum Himmel droben.

Tief in seiner Seele Grund,
wo sein Wesen noch gesund,
fühlt der Mensch die heilige Ahnung,
hört zugleich die innere Mahnung:

Nicht Trennung und Leid das Schicksal heißt,
nur Einheit und Liebe den Sinn verheißt.
Die Liebe allein, die göttliche Macht,
kann Menschen befreien aus dunkler Nacht.

Sie öffnet die Pforten der Seele weit,
verbindet die Menschen, schenkt Seligkeit,
läßt sie einander als Brüder erkennen,
daß sie sich in Christus Kind Gottes nennen.

Drum Freunde, eins nur im Leben ist wichtig,
eines nur macht alles Falsche richtig,
eines vertreibt alles Leid und die Schmerzen,
daß Liebe wächst im menschlichen Herzen.

Liebe

Liebe die ganze Schöpfung umhüllt
und meine Seele mit Freude erfüllt.

Liebe alles Leben durchströmt
und Freund und Feind miteinander versöhnt.

Liebe Heimat lebendig macht
und Sehnsucht nach Gott in uns entfacht.

Liebe in Fülle die Harmonie umschließt
und Ruhe und Frieden über Menschen ergießt.

Liebe die Vielfalt zur Einheit führt
und tief im Inneren am stärksten berührt.

Liebe alles zum Ganzen vereinigt
und im Einssein alle Bereiche heiligt.

Liebe dir Licht und Weisung schenkt
und deine Schritte im Dunkeln lenkt.

Liebe läßt Reinheit im Herzen erblühn,
und dunkle Gedanken beginnen zu fliehn.

Liebe dir schöpferische Gaben verleiht
und deine besten Gefühle befreit.

Liebe will die Welt verwandeln
und führt die Menschen zum richtigen Handeln.

Liebe das höhere Streben leitet
und unser ganzes Bewußtsein weitet.

Liebe, so du dich würdig erweist,
Freude, Glück und Heil verheißt.

Liebe die Quelle des Guten erschließt,
aus der sich dieses Wunder ergießt.

Liebe, wenn sie dir wirklich begegnet,
bleibt dein Leben in Gott gesegnet.

Erleuchtete Liebe

Alleine geht ein Mensch durchs Leben,
es quält ihn oft die Einsamkeit.
Kein Freund ist ihm zur Seit' gegeben,
der mit ihm teilet Freud und Leid.

Doch irgendwo lebt er auf Erden,
der Mensch, von Gott für ihn bestimmt.
Ob sie beide Freunde werden?
Ihr Herz den gleichen Laut vernimmt?

Doch eines Tages kommt die Stunde,
da tritt er in sein Leben ein.
Er spüret innerlich die Kunde,
er wird nun seine Sonne sein.

Es ist fast wie ein Wiedersehn,
die zarte Schwingung spürt das Wesen,
es blühet auf ein tief Verstehn
und läßt das kranke Herz genesen.

Freundschaft und Liebe verbinden zwei Seelen.
Gottes Fügung hat sie vereint.
Dunkle Stunden nicht mehr zählen,
Licht in ihren Augen scheint.

Vergangen sind Ängste und vielerlei Sorgen.
Gemeinsam sie tragen das bittere Leid.
Voll Freude erwarten sie jeden Morgen
und sind für das Dienen im Leben bereit.

Sie sind nicht mehr einsam in dieser Welt.
Sie wissen, der andre ist immer da:
In Leid und Not er zu mir hält,
Fürsorg' und Liebe sind mir nah.

Durch jede Begegnung sich Kräfte entfalten.
Harmonische Schwingung schafft Leben neu.
Der Friede der Seele will Dasein gestalten,
dankbar und liebevoll sind sie sich treu.

Sie lauschen gemeinsam dem inneren Rufen.
Sie gehn in die Stille und beten zu Gott.
Sie lassen sich führen zu höheren Stufen,
überwinden in Freiheit des Werdens Not.

Ihr höchstes Glück ist Gottes Berührung,
die ihnen geschenkt wird in innigem Glück.
Sie spüren tief innen die geistige Führung
und fühlen den göttlichen Liebesblick.

Das Schwingen der Seele wird machtvoll und rein.
Sie berühren sich tief im Wesensgrund,
verschmelzen in Gott zum höchsten Sein.
Der Seligkeit Fülle wird ihnen kund.

Gott, der all die Schritte lenkt,
er hat sich beide auserkoren.
Die Einheit wird jetzt neu geschenkt,
die einst im Paradies verloren.

Lichtwege

Suchst du nicht auch den Weg des Lichts,
der Hoffnung schenkt und neues Leben,
der dich herausführt aus dem Nichts,
der dich erfüllt mit heiligem Streben?

Auch dir zeigt er sein göttlich' Ziel,
erkennst du ihn mit wachem Sinn.
Des Lichtes Wege sind gar viel.
Sie führen dich zum Wesen hin.

So finde deinen Weg heraus
und geh ihn zielbewußt zum Ende!
Tritt mutig ein ins Seelenhaus.
Durchbreche deiner Ängste Wände!

Erkenn der Welt Vergänglichkeit!
Von ihr kommt drängendes Begehren.
Sie macht nicht frei von Schmerz und Leid
und kann den Weg des Lichts nicht lehren.

Die Wünsche, die du hast hienieden,
verlangen Müh' und Kraft und Zeit;
doch schenken sie dir nicht den Frieden.
Zurück bleibt oft nur Bitterkeit.

Die Sinne zeigen große Kraft.
Sie sind oft wie ein wildes Pferd,
umfangen dich mit Leidenschaft,
verhüllen dir den wahren Wert.

So kehre um und schau zum Licht,
das dich zum heilen Leben führt!
Erfahre eine neue Sicht,
die dich tief innerlich berührt!

Studiere weise, heilige Schriften
und folg der Meister klugem Rat!
Sie helfen das Geheimnis lüften,
das sich so lang verhüllet hat.

Die Stille öffnet dir die Pforte.
Sie macht den Weg für dich bereit.
Dann tönen nicht mehr hohle Worte.
Es schwinden Lust und Eitelkeit.

Meditation, Gebet und Schweigen,
sie wollen dich zum Licht geleiten
und dir den Sinn des Daseins zeigen,
dich führen zu des Geistes Weiten.

Kehrst du dann zu dir selber ein,
fühlst du ein wundersames Schwingen
im Seelengrunde, tief und rein.
Es will dein ganzes Sein durchdringen,

durchlichten Körper, Seele, Geist.
Und plötzlich weiß das Wesen wieder,
das ist der Weg, der Heil verheißt.
Und Gottes Licht, das strömt hernieder.

Vollkommen leben

Vollkommen leben
heißt Gottes Macht verkünden,
die Kraft des Unrechts überwinden.

Vollkommen leben
heißt in der Hoffnung stehen,
im Nächsten nur das Gute sehen.

Vollkommen leben
heißt Liebe verströmen
und sich mit allen Wesen versöhnen.

Vollkommen leben
heißt das Dasein gestalten
und Gottes Schöpfung richtig verwalten.

Vollkommen leben
heißt seine Aufgab' erfüllen
und dadurch göttliche Freude enthüllen.

Vollkommen leben
heißt Friede verschenken
und alles zum Wahren und Guten lenken.

Vollkommen leben
heißt Freiheit erfahren,
mit Lob und Anerkennung nicht sparen.

Vollkommen leben
heißt dankbar sein
und sich der Entwicklung des Lebens weihn.

Vollkommen leben
heißt tapfer sein Leiden ertragen
und daraus mutig das Neue wagen.

Vollkommen leben
heißt gute Gedanken ersinnen
und nur durch Wissen und Weisheit gewinnen.

Vollkommen leben
heißt an die Zukunft glauben,
im Jetzt sich niemals Böses erlauben.

Vollkommen leben
heißt jedem mit großem Vertrauen begegnen
und alle Menschen der Erde segnen.

Das Christuslicht

Der Mensch war reif, erfüllt die Zeit,
daß einbrach Gottes Ewigkeit,
zu zeigen seine Lieb' und Macht
der Seele, die im Licht erwacht.

Mariens Schoß ward auserwählt,
daß Gottes Sohn betrat die Welt.
Die Liebe Gottes ist sein Wesen.
Beim Vater ist er stets gewesen.

Das menschlich Sein gar wundersam
ward nun erhöht, als Christus kam.
In ihm ward uns das Ziel gegeben,
das künftighin bestimmt das Leben.

Die Sanftmut und sein weites Herz,
sie ziehn die Seele himmelwärts.
Die reine Liebe, Milde, Güte,
sie bringen unser Sein zur Blüte.

Die Weisheit seiner Lebenslehren
können unser Glück vermehren.
Und folgen wir dem klugen Rat,
dann wird gesegnet jede Tat.

Der Wunder Macht in seinem Handeln,
sie kann auch unsre Angst verwandeln.
Die Einheit mit dem liebsten Vater
vernichtet in uns Streit und Hader.

Sein bittrer Tod am Kreuzes Pfahl
befreit noch heut von Sündenqual.
Im Auferstehn hat er gegeben
dem Menschen Heil und neues Leben.

Der auferstandene Christusheld
erlichtet seitdem diese Welt.
Er strahlt als reines Liebeslicht,
das alle Dunkelheit durchbricht.

Es leuchtet auch in deinem Herzen,
verwandelt Sorgen, Nöte, Schmerzen,
wenn du dich öffnest seiner Macht,
erlöst er dich aus dunkler Nacht.

Er schenkt dir Weite und Verstehen.
Du kannst die Wahrheit wieder sehen.
Sein Licht gibt Mut und neue Kraft,
die stets das Gute in dir schafft.

Du fühlst ihn nicht als strengen Richter.
Er macht dein Leben licht und lichter.
Er füllt dich ganz mit sel'ger Wonne,
gibst du dich hin der Christussonne.

Sie wird dein Leben stets erhellen
und führen dich zu jenen Quellen,
aus denen Gottes Lieb' entspringt,
so daß dein Herz in Freuden singt.

Ihr seid das Licht der Welt

»Ihr seid das Licht der Welt«,
so klingt's aus Jesu Munde.
»Euch habe ich erwählt«,
so heißt die frohe Kunde.

Drum strahle Licht zum Menschen hin.
Er nimmt es stets als Liebe wahr.
Es gibt dem Leben wieder Sinn
und macht es froh und sonnenklar.

Licht entspringt der Liebesquelle.
Licht ist Lieb' vom höchsten Sein.
Du durchbrichst des Bösen Schwelle,
läßt du Gottes Licht herein.

Lichtgedanken — Seelenmacht —
stärken unser Wesen,
befreien uns aus dunkler Nacht
und lassen uns genesen.

Das Lichtwort öffnet neue Sicht,
es spendet reichen Segen,
hellt auf ein dunkles Angesicht
und führt zu Gottes Wegen.

Die Lichttat lindert Not und Leid,
berührt des Menschen Herz,
sie geschieht zur rechten Zeit
und heilt den bittren Schmerz.

Drum sende Licht auf diese Erde,
daß Liebe wächst und das Verstehn,
daß endlich einmal Friede werde
und Streit und Haß und Krieg vergehn.

So bringt das Licht die neue Zeit.
Es zeigt das Ganze, nicht den Teil.
Die Herzen öffnen sich dann weit,
die Menschen werden wieder heil.

Das Osterlicht

In dunkler Nacht wird es entzündet,
ein Zeichen für den Sieg des Lebens,
die Auferstehung es verkündet,
dem Glaubenden Symbol des Segens.
Denn Christus ist dies Licht der Welt,
in ihm hat Gott das Heil erwählt.

Es strahlet aus die große Freude,
der Tod hat keinen Stachel mehr.
Die frohe Botschaft gilt noch heute,
der Sünde Sold wiegt nicht mehr schwer.
Das Licht zerstört des Bösen Macht
und hilft, daß deine Seel' erwacht.

Es zeigt, das Leid ist überwunden,
ein neues Leben folgt dem Tod.
Es heilet alle innren Wunden,
befreit von Angst und Seelennot.
Es klagt nicht an, verstößt dich nicht,
die Liebe nur ist sein Gericht.

Es strömet aus göttliche Güte,
die jeden Menschen formt und wandelt
im Leib, im Denken, im Gemüte,
daß richtig er im Alltag handelt.
Das Licht erhellt das ganze Sein
und macht das Leben klar und rein.

Es mahnet auch, sich abzuwenden
von Sünde und vom niedren Streben
und Liebe, Frieden auszusenden,
stets allen Feinden zu vergeben.
Das Licht ist mild und blendet nicht,
es schenkt dem Menschen neue Sicht.

Drum laß dies Licht im Herzen brennen,
es wärmt, verleiht Geborgenheit.
Dann wirst du deinen Sinn erkennen
und spürn den Hauch der Ewigkeit.
Denn Christus ist das Licht der Welt,
in ihm hat Gott das Heil erwählt.

Das Licht des ewigen Lebens

Du weißt es selbst, die Angst vorm Tod
berührt dich tief, bringt große Not.
Gelähmt stehst du vor dieser Macht,
umhüllt wirst du von dunkler Nacht.

Ist ein teurer Mensch gestorben,
dann ist dir jede Freud verdorben.
Erfüllt bist du von Traurigkeit
und unermeßlich ist dein Leid.

Willst du den Sinn des Tod's ergründen,
kannst du ihn nicht durch Denken finden.
Der Menschen Klugheit wird nichts nützen.
Nur Gottes Kraft kann dich dann stützen.

Denn Er hat uns das Licht gebracht,
das aufhellt unsere Todesnacht.
Durch Christi Wort hat Er verkündet:
Das Leben in das Licht einmündet.

Der Tod ist nicht des Daseins Ende.
Er steht nur an des Lebens Wende.
Du bist im Sterben nicht verloren,
im Tode wirst du neu geboren.

Du wirst niemals im Nichts vergehn,
wie Christus wirst du auferstehn.
Du legst nur ab das Körperkleid,
verläßt den Raum, durchbrichst die Zeit.

Zum Vater bist dann heimgekehrt,
den stets die Seele hat verehrt,
wenn du gebetet hast hienieden.
Jetzt schenkt er dir den ewigen Frieden.

Nichts kann dich mehr von Gott jetzt trennen.
Im Liebeslicht wirst du erkennen,
wie du im Leben hast gehandelt.
Durch Gnade wirst du nun verwandelt.

Nur Gottes Liebe ist noch wichtig.
Der Erde Freuden werden nichtig.
Die Einheit wird dir neu gegeben,
die du ersehnet hast im Leben.

Kein Mensch kann dieses Glück verstehn.
Kein Auge hat es je gesehn.
Kein Ohr hat es jemals vernommen,
in welche Freude du wirst kommen.

Inhaltsverzeichnis